AF194042

the
POPULIST
88 FIESE SEITEN

pit vogt

FSC
www.fsc.org

MIX
Papier aus ver-
antwortungsvollen
Quellen
Paper from
responsible sources
FSC® C105338

Design & Layout: PiT VOGT

Alle Stories und Gedichte sind frei erfunden!
Ähnlichkeiten wären rein zufällig und sind nicht beabsichtigt!

Impressum

Herstellung und Verlag:
BoD - Books on Demand, Norderstedt
ISBN: 978-3-7528-6621-6

© 2018

Der Lügner

Es war in einer Zeit, in welcher die Menschen nicht mehr glücklich und schon gar nicht zufrieden waren mit ihrem Leben. Die einen mussten schuften, um ihre Familien irgendwie durchzubringen, brauchten sogar eine staatliche Hilfe, damit es am Monatsende überhaupt noch reichte. Die Anderen machten nichts, bekamen aber dennoch Geld, um leben zu können. Und wieder andere – ja, die anderen – ja, was war eigentlich mit denen? Um die rankten sich die verrücktesten Geschichten.

Man sagte, dass sie sich alles bezahlen ließen, was nur irgendwie Geld bringen konnte, nahmen Geld für Gefälligkeiten und schmierten sich gegenseitig, wo es nur ging. Doch sie taten das heimlich und wollten nicht, dass das arme Volk davon erfuhr. Sie gehörten allesamt einer einzigen mächtigen Partei an, es war die Partei „YYUH". Es war die Partei der Reichen, die Partei der Dummschwätzer, die Partei derjenigen, die dem Volk das erzählte, was es hören wollte. Es waren Parolen, wie: *Wenn ihr uns wählt, dann werdet ihr wieder Arbeit haben, dann werdet ihr glücklich und wohlhabend sein!* Leider war das alles nur Gerede und dummes Zeug – in Wahrheit protzten sie mit ihren teuren Luxuswagen und prassten in ihren eigentlich unbezahlbaren Luxusvillen, feierten allabendlich mit Schampus, Kaviar und zweifelhaften Frauen. Und sie pressten das Volk aus wo- und wie es nur ging.

Hilmar, ein 50-jähriger Arbeitsloser, der als einzigen *Reichtum* einen uralten Fernseher besaß, lebte seit vielen Jahren in seiner winzigen Wohnung am Rande der großen Stadt. Sein Fernseher schien das einzige Fenster vor dem er jeden lieben langen Tag saß. Und er war kein Dummkopf, denn er wusste, dass er in

6

seinem Alter trotz seiner einstigen Berufsausbildung zum Monteur kaum noch eine reale Chance besaß, einen Job zu finden. Und als Hilfsarbeiter wollte er sich nicht verdingen, dazu hatte er früher einfach zu viel gearbeitet.

Als er eines Tages seinen Rentenbescheid erhielt, mit Schaudern erkennen musste, wie wenig ihm noch für sein Alter blieb, dachte er schon ans Sterben, denn das schien ihm erheblich billiger. Doch irgendetwas in seinem Inneren, irgendwas in seinem Kopf und in seinem Herzen ließ ihn plötzlich erstarren. Denn schlagartig wurde ihm klar, dass er ja nur dieses eine Leben besaß. Er erkannte, dass er, wenn er jetzt nichts drastisch änderte, vergehen würde wie eine Pusteblume im Wind.

Nein, dafür hatte ihn seine Mutter einst nicht unter Schmerzen geboren. Dafür hatte er auch nicht ein halbes Jahrhundert hart in der Firma gearbeitet, für den Konzern seine Kraft und seine Energie gegeben. Und das durfte es auch nicht schon gewesen sein! Da musste einfach noch etwas mehr sein. Gab es da noch wirklich noch ein Stück Leben, ein Stück vom Kuchen dieser Welt?

Als er seinen Blick durch seine spärlich eingerichtete Wohnung vom alten Fernseher bis zu seinem wurmstichigen Kühlschrank schweifen ließ, wurde er ziemlich traurig. Denn wie sollte er ohne Geld, nur mit der Stütze allein, etwas Neues aufbauen?

Entnervt ließ er sich in seinen alten Stoffsessel sinken und starrte lange die fast leere Flasche Bier auf dem wackeligen Eichenholztisch an. Immer wieder schaute er zum Fernseher, beobachtete eine Debatte der starken Partei „YYUH", wo sich die dicken, vollkommen überbezahlten Politiker gegenseitig beleidigten, weil einer dem anderen nichts gönnte.

7

Stöhnend und kopfschüttelnd sah er dem irren Treiben zu und flüsterte leise vor sich hin: *„Diese Idioten, die wissen doch gar nicht, wie das ist, wenn einen keiner mehr braucht und man nicht mal das Geld hat, um richtig leben zu können"*

Und als er so sinnierte, erkannte er plötzlich, dass er selbst etwas tun musste, irgendetwas, bei dem man auf ihn aufmerksam werden würde.

Plötzlich sah er sich, wie er in dem riesigen Parteien-Plenarsaal am funkelnden Rednerpult stand und lautstark und recht heftig gestikulierend irgendetwas von sich gab. Da wurde ihm klar, dass es wohl gar nicht so wichtig war, *was* er da so rief – viel wichtiger war es vermutlich, einfach nur herumzuschreien, wichtig zu tun und zu zeigen, dass man da ist. Und weil ihm gleichzeitig einfiel, dass er früher mal Sprecher bei der Gewerkschaft war, griff er zielsicher zum Telefonbuch. Flink suchte er sich die Nummer der Partei *„YYUH"* heraus, sprach mit einem Verantwortlichen und hatte auf einmal den festen Willen, dieser mächtigen Partei beizutreten. Mehr noch, er wollte sogar einen Posten und redete und redete und redete. Immer sah er sich, wie er in der Armut verging, in einem Leben, in welchem ihn keiner mehr bemerkte. Das spornte ihn unheimlich an und schon nach kurzer Zeit wurde er in die regionale Führungs-Elite der Partei berufen. Was er sagte, war nicht sehr gehaltvoll und auch nicht sonderlich intelligent, aber es war laut und voller Kraft und Energie.

Schon bald war er zu einer Person geworden, zu der man aufschaute, der man zuhörte, und der man letztendlich sogar gehorchte.

Irgendwann war das alte armselige Leben vergessen und das mehr als üppige Honorar, welches er auf seinem Konto erblickte, ließ ihn noch euphorischer werden. Schließlich wollte man ihn als Redner an Hochschulen und Universitäten, in Führungsetagen großer Firmen und Konsortien – und der sprichwörtliche Rubel rollte und rollte und rollte.

Nach drei Jahren war er so einflussreich und reich geworden, dass er eigentlich gar nichts mehr tun musste. Das Geld arbeitete von ganz allein und er war so beliebt, wie sonst niemand im Lande.

Und es kam so, wie es immer kam, er bekam einfach nicht genug und wollte die gesamte Macht.

Er wollte *Staats-General* werden, welches das allerhöchste Amt des Landes war. Überall hingen seine Wahlplakate und es kam genauso, wie er es wollte: Er wurde einstimmig gewählt.

Vorher hatte er den Menschen das Blaue vom Himmel heruntergeschwindelt. Er wollte allen Arbeit geben, wollte die Menschen reich und glücklich werden lassen, wollte ihnen Verantwortung und großartige Chancen geben, sodass sie ihr Leben in Wohlstand und Glück verbringen zu könnten.

In Wirklichkeit sah er sich aber schon als Kaiser, der sich krönen ließ und der sich als Gott in den Himmel erhob.

Einige Zeit ging das tatsächlich gut, denn die Menschen ließen sich all den Unsinn, den er jahrein und jahraus verkündete, dankbar einreden.

Doch als sie merkten, dass nichts von dem, was er predigte, eintraf, sie hingegen immer ärmer und kränker wurden, wollten sie ihn nicht mehr.

Allerdings gab er auch nicht mehr so leicht auf, denn er war nun so unermesslich reich und mächtig, dass er seine Leib-Armee damit beauftragte, die Aufwiegler, die Stimmung gegen ihn machten, zu beseitigen. Er hatte nämlich vor, der unangefochtene Herrscher der Welt zu werden, sich nur noch mit Gehorchenden und Dienern zu umgeben und dann das Universum zu erobern.

Um all das jedoch auch noch zu erreichen, musste er Krieg führen. Denn die Leute ließen sich nur mit Gewalt zu seinen verrückten Vorhaben zwingen.

So machte er den Leuten den Krieg schmackhaft, meinte, dass es ihn wesentlich bessergehen würde, wenn sie für ihn in den Krieg zögen. Er versprach ihnen Schösser aus purem Gold und das fürstlichste Leben, welches sie sich nicht einmal zu erträumen vermochten. Die Leute aber winkten schon ab, wenn sie ihn nur sahen und irgendwann verlor er sogar den Rückenhalt seiner Partei, der „YYUH".

Als er eines Tages nachdenklich in seinem riesigen Anwesen saß und Fernsehen schaute, musste er hören, wie ein anderer Lügner, der den Leuten noch viel mehr Glück und Wohlstand vorgaukelte, als er es je getan hatte, davon sprach, ihn einzukerkern, weil er ein Lügner sei.

Da erkannte er den ganzen Wahnsinn, sprang aus seinem Sessel und verließ das Haus, welches wohl in Kürze zur Todesfalle für ihn werden würde.

Tief im Wald hatte er ein geheimes Domizil als besseren Tagen herübergerettet. Nein, es war kein Bunker und auch keine Felsenhöhle, in welche er fliehen konnte. Es war eine Rakete, die er sich bauen ließ, weil er ja zu den Sternen fliegen wollte, um das Universum zu erobern. Traurig kletterte er hinein und startete. Hinter ihm schrie schon der aufgebrachte Mob, der sein Versteck im Wald herausgefunden hatte. Sie wollten sich an ihm rächen. In allerletzter Sekunde schaffte er es, die Erde zu verlassen. Immer kleiner wurde der eigentlich riesige Erdball unter ihm und schnell näherte er sich dem Mond. Dort landete er das kleine Raumschiff und wartete. Die Stille und die Dunkelheit ließen ihn noch trauriger werden, als er schon war.

Und wie er so dasaß und weinte, vernahm er eine Stimme hinter sich. Zu Tode erschrocken fuhr er herum und blickte entgeistert in das runzelige Gesicht eines alten Mannes, der hinter ihm stand.

„Ich sehe, du bist traurig", sprach der Alte und wiegte dabei seinen Kopf hin und her.

Hilmar wusste nicht, was er sagen sollte. Natürlich war er traurig, natürlich wusste er auch nicht, wie all das geschehen konnte und natürlich wollte er so nicht mehr weiterleben.

Der Alte schien das zu verstehen, obwohl Hilmar gar nichts sagte.

„Dann komm mit mir", sagte er schließlich leise und streckte seine Hand nach ihm aus.

Hilmar wischte sich die Tränen aus dem Gesicht, er wusste, dass er alles falsch gemacht hatte und er ergriff die Hand des alten Mannes. Augenblicklich verschwanden die beiden und nur die kleine Rakete, sozusagen ein Relikt eines Menschen, der auf einem falschen Wege war, blieb schweigend zurück.

Auf der Erde aber wurde es nicht besser. Denn der andere, der neue geld- und machtgierige Schwindler, dem die Leute diesmal hinterherrannten, führte die Menschen in einen Krieg, aus dem sie nie wieder herauskommen sollten!

Populisten-Quatsch

Im Märchen-Land gibt's Arbeit satt
Doch sind so viele ohne Job
Da kam dorther, wo's nichts hat
Der Ali in die Märchen-Stadt
Der freute sich auf Geld, Haus, Lob

Auch Jan, der hiesige, wollt viel
War hochstudiert und jung und fit
Doch gab man ihm kein Job, kein Ziel
Er war von hier
Er wollte viel
Doch auf dem Amt gab's keinen Tipp

So stellte man den Ali ein
Den Jan ließ man allein, im Stich
Die Quote sagte nämlich fein:
Für Ausländer muss Arbeit sein
Für Einheimische gibt's sowas nicht

Der Ali tat die Arbeit gut
Der wusste nichts von Quoten, nein
Doch mancher hier bekam schnell Wut
Auch hierzulande konnt' man's gut
Doch durfte Jan kein Fachmann sein

Nun stellt sich eine Frage mir:
Wenn's Arbeit gibt so satt und viel
Warum bekommt der Jan hier nichts
Warum lebt er so fern des Lichts
Er hat doch auch ein Traum, ein Ziel

Politiker stehn gern im Licht
Erfüllen Quoten – *das bringt Geld*
Die Not im Volk berührt sie nicht
Nur noch die Gier nach Macht und Licht
Das scheint die gut-gerechte Welt

Ein Spalt zerteilt jetzt Volk, das Land
Man hasst oft Fremde, die so viel
Kommt's bald vielleicht zum großen Brand
Weil nichts gerecht im Märchen-Land
Für Ali bleibt's doch nur ein Spiel

Die Wahrheit sagt man gar nicht gern
Vor „Populisten" hat man Schiss
So bleibt Reales still und fern
Man traut nicht mal dem Gott, dem Herrn
Es mangelt arg an Mut und Biss

Man sagt, im Land gibt's Arbeit satt
Doch sind manch' Leute hier nicht froh
Weil Ali Auto, Häuschen hat
Bleibt Jan hingegen arm und matt
Was stimmt da nicht?
Was sowieso?

Die Antwort fällt mir da nicht ein
Ich bin nicht böse
Mir geht's gut
Doch trinkt hier wohl nicht jeder Wein
Macht man's manch' Ali immer fein
Schürt längst im Land sich Hass und Wut

Schwarze Welt

Schwarz erscheint mir diese Welt
Alles kurz vorm Untergang
Nichts, was sie zusammenhält
Ach, es zählt nur Macht und Geld
Alles wirkt so bleich und krank

Kriege drohen überall
Weil der Hass, die Wut zu stark
Warten auf den großen Knall
Warten auf den freien Fall
Warten auf den letzten Sarg

Wer noch lebt ist bald schon krank
Allerletzte Pandemie
Wo manch' Urtier einst versank
Liegt auch heut das Leben blank
Gibt es noch ein morgen früh

Doch die Menschen sind recht zäh
Geben sich so schnell nicht auf
Sterben nicht mit Ach und Weh
Liegen nicht im letzten Tee
Nehmen manchen Schlag in Kauf

Kämpfen sich aus allem Dreck
Bauen neu und sehr stabil
Wischen Nebelwände weg
Finden einen guten Zweck
Halten von der Welt noch viel

Dann verweht das Kriegsgeschrei
Und für Geld gibt's keinen Tod
Dann geht Hass und Wut vorbei
Alle Welt erschafft sich neu
Und der Mensch erwacht
Im Morgenrot

Auf eine Frage

Eine Frage scheint kein Mist:
Wann ist man ein Populist?
Doch die Antwort ward nicht leicht
Auch wenn schnell sie kommt
Vielleicht
Denn als Schlagwort hört man's oft
Überall wo was verstopft

Ist ein Populisten-Mann –
Wenn man populär wird, dann
Wenn man schreit fürs Vaterland
Für die Welt, die längst entbrannt
Wenn man still ist wie ein Fisch
Wenn den Dreck man kehrt vom Tisch
Wenn man etwas ändern will
Wenn man glaubt ans ferne Ziel
Wenn man hetzt voll Zorn und Wut
Wenn man glaubt, es wird nicht gut
Wenn man anspricht, was nicht geht
Wenn man längst vom Wind verweht
Wenn man in manch' Wut versackt
Wenn man alte Zöpfe kappt
Wenn man Speichellecker wischt
Auf den Müllplatz der Geschicht'
Wenn die Zeit man sinnvoll nutzt
Wenn man alles sauber putzt
Wenn man wieder Wahrheit liebt
Wenn manch' Lüge man besiegt
Wenn man in die Zukunft will
Wenn man hat vom Geld nicht viel
Wenn man ängstlich, panisch ist
Wenn man falsch ist, reich an List
Wenn man kämpft und stark sein will

Wenn man um sich schlägt – mit Stil
Wenn man schlau ist, was bewegt
Wann man sagt, was nicht mehr geht

Also:
Wann ist man ein Populist?
Ist die Frage doch nur Mist?

[Begriff entstammt dem Lateinischen:
populus; bedeutet „Volk"]

Wahlbetrug

Sie zählen lang
Sie zählen alles
Und doch verschwindet manches bald
Sie sind nicht echt
Im Fall des Falles
Manch' Wähler – Stimme wird nicht alt

Es wird frisiert und auch gelogen
Für Geld siegt der, der siegen will
Da wird geklaut und auch gezogen
Das Volk glaubt alles
Und ist still

So fiebern noch die Kandidaten
Die wissen nichts von all dem Dreck
Weil sie noch zu viel Hoffnung hatten
Doch sind am End sie meistens weg

Es siegt wohl der, der siegen sollte
Die Chance gibt man dem Zufall nicht
Und wer noch ehrlich bleiben wollte
Verliert zum Schluss – *auch sein Gesicht*

Geschmiert, geölt – es sind Millionen
Die Hochrechnungen kosten viel
Wer gut gezahlt
Kann gut sich schonen
In diesem falschen Wähler-Spiel

Und wer noch immer glaubt das Gute
Ist bald am End und angeschmiert
Denn böse ist des Menschen Blute
Und wer die Wahrheit sagt, verliert

Dem Volk wird weiter eingeredet:
Geht nur zur Wahl
Ihr seid am Zug
Doch wer auch immer dümmlich betet
Am Ende bleibt nur *Wahlbetrug*

Todesurteil „Kassenpatient"

Bist du mal im Krankenhaus
sieht's nicht immer rosig aus
Als Privatpatient scheint klar:
Überall bist du ein Star

Doch als Kassenpatient, ach,
bleibst du arm und dumm und schwach
Rechte hast du dann nicht mehr
Und man hilft dir nimmermehr

Mancher Arzt, manch Personal
sagt dir frech: *Du bist 'ne Qual*
Zahlst du bar, wirst du zum King
Bist dort schnell der Hauptgewinn

Bist ein Kassenpatient du
Lässt man dich nicht mehr in Ruh
Dann beschimpft, bedroht man dich
Wettert von dir fürchterlich

Freundlichkeit und auch Respekt
Bist du „Kasse"
Bist du Dreck
Fies man schubst dich hin- und her
Kassen-Wohl
Das gibt's nicht mehr

Neulich in der Psychiatrie
Nein, das glaubt man wirklich nie
Daten wurden dort geklaut
Schnell verbreitet – unverdaut

Lehnt sich der Patient dann auf
Gibt man ihm schnell eine drauf
Hält er seine Klappe nicht
Spritzt man ihm gleich aus das Licht

Doch welch Freud, bist du „privat",
geht auch dort die Party ab
Man bedient dich wie ein Fürst
Bis du schnell genesen wirst

Tja, was sagt man dazu noch
Medizin – *ein schwarzes Loch*
Hat ein Kassenpatient Not,
ist er dann schon balde tot

Der Terrorist

Er war ein ganz normaler Mann
In blauen Jeans und weißem Hemd
Gern sah er sich Museen an
Der ganz normale nette Mann
Ihm war's egal, ob man ihn kennt

Er hatte Arbeit, irgendwo
Mit seinem Geld kam er gut aus
Er war für alles, einfach so
War traurig manchmal, öfters froh
Er lebte in 'nem schönen Haus

Doch irgendwann schien alles trüb
Manch Langeweile schlich sich ein
Das, was ihm einstmals gut und lieb
Schien plötzlich schlecht, total verglüht
Er wollte richtig böse sein

So vieles sah er im TV
Manch Mörderclique fand er toll
Er war nicht dumm und auch nicht schlau
Doch, was er wollt, wusste er genau
Er hatte längst die Schnauze voll

Denn all der öde Biederkram
Mit Haus und Auto, Frau und Kind
Das alles kotzte ihn längst an
Nie mehr ein artig, braver Mann
Er wollt dorthin, wo Kriege sind

So zog er fort aus seiner Stadt
Ins ferne Land, *zum Mörderclan*
Das Leben hatte er so satt
Er wollte stark sein und nicht matt
Und kam bald in der Ferne an

Dort freute man sich wirklich sehr
Ein neuer Kämpfer – *oh wie fein*
Er kam so arglos, stark daher
Ihm fiel der Wechsel gar nicht schwer
Aus seinem Herz doch ward ein Stein

Man gab ihm ein Gewehr sodann
Und Sprengstoff für den großen Knall
Er war einst ein normaler Mann
Der sah sich gern Museen an
Doch ändert sich´s so Fall auf Fall

Man schickte ihn flugs wieder fort
Zum Menschentöten für den Sieg
Er flog nach Haus, zum Heimatort
Mit reichlich Sprengstoff – *wie ein Sport*
Von dem am *End* nichts übrig blieb

In seiner Stadt, wo er mal froh
Sollt er nun morden voller Spaß
Er war für alles, einfach so
War er nun glücklich oder froh
War wirklich da nur Wut und Hass

Er setzte sich ins Kino dann
Die Leute kamen, lachten laut
Er war doch ein normaler Mann
Er sollte töten, jetzt, nicht dann
Er spürte seine Gänsehaut

Und er zog schnell am Sprengstoff-Gurt
Gleich kracht es laut mit Feuerball
Doch schien wohl irgendwas verzurrt
Ein Blitz zerriss den Todes-Gurt
Und traf ihn selbst mit vollem Drall

Er sackte weg
Der Tod kam schnell
Die Menschen rannten ängstlich raus
Im Kino ward es wieder hell
Sein Ende kam wohl ziemlich schnell
Sieht so ein Heldensterben aus

Er war ein ganz normaler Mann
In blauen Jeans
Mit weißem Hemd
Er wollte stark sein, *irgendwann*
Er sollte töten, jetzt, nicht dann
Er schaffte, dass ihn jeder kennt

Märchenland 1
(Natürlich frei erfunden)

Schaut auf dies korrupte Lande
Diese stinkend-große Schande
Märchenland, der Todesschreck
Verrat und Größenwahn
Und Dreck

Die Devise: Weiter so
Nur nichts Neues – sowieso
Man erfindet Ministerien
Für manch´ Dödel und Bakterien

Nur, damit die Alten bleiben
Stoppen will man neue Zeiten
Märchenland schafft selbst sich ab
Weil man nichts zu bieten hat

Schnell macht man den Bock zum „Gärtner"
Bullshit „ziert" die Straßenränder
Und die Staatsfrau keift voll Spaß
Zynisch faul: „Wir schaffen das"

Korrumpiert die Landestage
Jeder buckelt ohne Klage
Macht und Reichtum nur noch zählt
Märchenland – längst totgequält

Und so lügt und stielt man weiter
Steuern zahlt hier eh kaum einer
Ist man „GAGA", blöd, ein Schwein
Kommt in jeden „Talk" man rein

Tagediebe, Kriminelle
Sind stets im TV zur Stelle
Ist man hohl und durchgeknallt
Wird man hier sehr reich und alt

Nur das Gute stirbt, geht unter
Dumme fühln sich froh und munter
Und Niveau gibt's längst nicht mehr
Märchenland ist öd und leer

Ach, man fällt sich in die Arme
Über all den „Mist vom Darme"
Wo der Dummheit fehlt das Wort
Bleibt ein muffig übler Ort

Märchenland 2
(Natürlich frei erfunden)

Jenes Land liegt längst in Scherben
Hier stirbt alles
Nichts kann werden
Überall nur Neid und Hass
Suff und Ekel nennt man Spaß

Flott befördert ins Nirvana
Märchenland, wie es mal schön war
Loser haben längst zerstört
Was dem Volke einst gehört

Jeder ist sich selbst der Nächste
Weiter kommt hier nur der Trägste
Fortschritt wird schnell ausgebremst
Hier herrscht Mittelalter längst

Mob und Pöbel schreit durch Straßen
Nur wer Geld hat, darf auch prassen
Armut kriecht durch manchen Block
Leben heißt hier: Dreck und Schrott

Dreckloch, Ratten, Asoziale
Hier regiert der Abnormale
Wenn es richtig mieft und stinkt
Aller Pöbel keift und singt

Auf dem Friedhof der Verwalter
Ist zu gierig für sein Alter
Für so manches Billig-Grab
Zieht der Dieb die Leute ab

In den Kneipen gibt's nur „Fressen"
Kakerlaken satt im Essen
Und das Assi-Personal
Strotzt vor Dreck und Blödheit-Qual

Mancher „Arzt" ist ohne Wissen
Dessen Leistung: recht beschissen
Nur das Geld kassiert er fix
Für Patienten tut der nix

Zustelldienste – o wie grässlich
Sind nicht immer sehr verlässlich
Schlafen ist dort angesagt
Arbeit wird ganz schnell vertagt

Kriminelle Nachbarschaften
Die verleumden, böse gaffen
Assi-Terror in manch´ Block
Ja, dort will man schnellstens fort

Märchenland, ein Land der Lügen
Fake-News sind nicht totzukriegen
Meinung wird hier unterdrückt
Wahrheit per Gesetz zerpflückt

Geldgier, Klüngel in manch´ Leitung
Schmiererei beim Chef der Zeitung
Ist man ein korruptes Schwein
Braucht studiert man hier nicht sein

Arbeit-Center töten Menschen
Dort soll man Respekt bekämpfen
Anstand stirbt, ist abgebaut
Mehr und mehr grassiert *Burnout*

Pflegestufen gibt's für Bares
Leistung aber ist was Rares
Ist man alt und arm und krank
Gibt's 'nen Tritt oder das Amt

Servicewüste allerorten
Überall nur Mob-Konsorten
Höflichkeit gibt's längst nicht mehr
Dummheit quetscht die Hirne leer

Fälschung und Parteienschwindel
Märchenland lebt vom Gesindel
Schmiererei und Korruption
Bürgerstreik und wenig Lohn

Fake-News – Märchen allerorten
Manipulation mit Worten
Journalisten – gut geschmiert
Faseln das, was auf-diktiert

Blöd-Autoren, deren Scheiße
Für solch Assis gibt's satt Preise
Leistung wird hier plattgemacht
Nur solch Pöbel singt und lacht

Wichtigtuer, Schein-Gewinner
Märchenland liebt solche Spinner
Lügner sind willkommen hier
Werden schnell zum „Hohen Tier"

Halsabschneider, Tagediebe
Nur Betrüger haben Friede
Wer hier richtig klauen kann
Ist hier schnell ein Supermann

Auf der Bank gibt's kaum noch Zinsen
Geld geht hier schnell in die Binsen
Wäscht hingegen du dein Geld
Liegt zu Füßen dir die Welt

Lass dich nicht vom "Lotto" trügen
Dort wird nur manch' Schwindler siegen
Alles "Lotto": Diebstahl satt
Gier zockt dort die Leute ab

Autorennen nachts in Städten
Dort kann man sich kaum noch retten
Doch die Obrigkeit schaut weg
Und so wuchert aller Dreck

Für Ganoven gibt's kaum Strafen
Ja, die dürfen ruhig schlafen
Mut, Courage, Ehrlichkeit
Dafür ist hier keine Zeit

Drogen in den Parks, den Gassen
Rotlicht blüht in dunklen Straßen
Mord und Totschlag überall
Wann gibt's wohl den großen Knall

Crystal Meth und Alkohol
Machen Krankenhäuser toll
Nimmt man Drogen ohne Zahl
Läuft es da ganz optimal

Wenn man Drogen dort verschmäht
Läuft es plötzlich ganz verdreht
Als Patient wird man gemobbt
Und man jagt dich wütend fort

In manch' Chaos-Apotheke
Scheint man dusselig und träge
Ohr-Stöpsel man dort nicht kennt
Märchenland hat da verpennt

Mancher „Detlef" säuft sich dämlich
Weil er insolvent ist nämlich
Kennt die Stricher längst mit Namen
Die zu ihm mit Drogen kamen

Schmuggel über offne Grenzen
Wer viel zockt, wird bald schon glänzen
Ist man dumm und kriminell
Kommt voran man hier sehr schnell

Menschenfresser, Vorbestrafte
Serienkiller, Blut – Gelarvte
Shoppen froh ganz ohne Not
Haben Geld und Dank und Job

Wer die Wahrheit sagt im Lande
Wird zur Populisten-Bande
Ist man still und ohne List
Bleibt der stinkend-faule Mist

Kommst als Fremder du ins Land
Gibt's gleich „Tausend" auf die Hand
Gibst als Fremder du hier auf
Gibt's „3000" obendrauf

Bist du einheimisch und nett
Gibt's nur einen Tritt adrett
Willst verlassen du den Ort
Jagt man -ohne Geld- dich fort

Auf dem Bahnhofsvorplatz dann
Grabscht manch' Fremdling Frauen an
Strafen gibt's kaum für den Mob
Und man jagt auch keinen fort

Offen hält man alle Grenzen
„Kommt ins Land, hier dürft ihr glänzen"
Jeder darf hier rein und raus
Ganz egal ob Dieb, ob Laus

Schleichend fällt dies Land ins Dunkel
Keiner redet, nur Gemunkel
Wer es wagt und lautstark motzt
Wird als „Rechter" vollgekotzt

Eitelkeit und wüste Lügen
Täuschen vor den falschen Frieden
Dieses Land: Ein trüber Ort
Alle Politik: Nur Spott

Und die Staatsfrau zeigt sich dümmlich
„Finger-Schwachsinn" – wenig rühmlich
Leicht debil geht's schnell bergab
Alles Klapse – oder wad

Täglich wird das Volk verraten
Soll's doch in der Hölle braten
Und die Staatsfrau -fett und faul-
Korrumpiert mit feistem Maul

Hat Millionen Steuergelder
Längst verprasst für Schein-Gehälter
Wahlbetrug und Korruption
Ist ihr Lieblings-Fach, welch Hohn

Die verkauft den Schatz vom Lande
Sie ist eine echte Schande
Hat noch immer nicht kapiert
Dass sie lang schon abserviert

Macht sich lächerlich und blöde
Wo sie ist, wird's öd und träge
Ist als Staatsfrau längst dahin
Märchenland braucht -neuen- Wind

Manch Partei zeigt sich geschmeidig
Mut, Courage – längst beseitigt
Ganz egal des Volkes Gram
Klüngel hält den Hintern warm

Bei Debatten der Parteien
Ist's egal ob alle schreien
Jeder tippt dort dreist und dumm
Auf dem Smartphone flott herum

Medien lassen sich gut schmieren
Die solln Wahrheiten erfrieren
Lügen alles Schlechte schön
Weil Reales sie verdrehn

Lobbyisten ziehn die Fäden
Wer viel Geld hat
Darf viel reden
Was nicht passt wird unbeschwert
Untern Teppich schnell gekehrt

Wahlfälschung braucht richtig Kohle
Wer gut schmiert, bekommt sein Wohle
Intriganten kommen hoch
Nur das Volk haust tief im Loch

Und so wählt sich jeder selber
Mit viel Geld wird „Alt" kaum älter
Allem Volk wird eingebrannt:
„Ändern wird sich nichts im Land"

Pöstchen werden flott verklüngelt
Machtgier, Geldgier – alles klingelt
Überall nur Heuchelei
Wirtschaftswunder – längst vorbei

Manch´ ein kleines armes Würstchen
Lügt sich „hoch" nur für ein Pöstchen
Dann siegt Korruption und Schreck
Letztlich bleibt ein Haufen Dreck

Speichellecker, Blutaussauger
Wollen Macht und manche Mauer
Wer nicht heuchelt oder lügt
Hat beizeiten ausgespielt

Mieten in den großen Städten
Sind zu hoch und nicht zu retten
Wer dort wirklich leben will
Zahlt und hält die Füße still

Mancher Bau verschlingt Milliarden
Letztlich bleibt nur Pfusch und Schaden
Manch' Million fließt dort recht froh
In die Taschen – einfach so

Rentner, Alte – längst beschissen
Rente wird man bald vermissen
Nur die Bonzen prassen toll
Die erhöhen sich den Sold

Feiglinge und blöde Sprüche
Fördern stinkende Gerüche
Man berät bis nichts mehr läuft
Weil im Schampus man ersäuft

Abzocker und faule Firmen
Gierig-geil sind sie wie Dirnen
Ziehn die Leute aalglatt ab
Sind geschützt von Recht und Staat

Manche „Schönchen" sind wie Zecken
Schmieren sich durch Bonzen-Betten
Wollen „Star" sein – reich und toll
Doch sie bleiben leer und hohl

Schmuddel in TV-Stationen
Zeigt man Busen, wird sich's lohnen
Hält das Röckchen man nicht kurz
Bleibt die Karrier' ein Furz

Quiz und geistig Abnormale
Das ist hier das ganz Normale
Unter Drogen läuft es toll
Drogen-Quiz, wie wundervoll

Talkshows sind das Tollste, Liebste
Jeder scheint da wie der Klügste
Wer ein echter Assi ist
Hockt recht gern bei solchem Mist

Bei der Wettervorhersage
Wird der Sprecher dort zur Plage
Grölt im Alkoholrausch rum
Fühlt sich dick
Und ist strohdumm

Und manch' üble Radiosender:
Dudelfunk, Gesellschafts-Ränder
Wer im Leben nichts geschnorrt
Hat dort endlich ausgesorgt

Bei manch' Bestseller, verflixt
Scheint es dann total verfitzt
Auf manch' primitivem Schund
Klebt dies Schild sich ziemlich wund

Schöner Schein und Heiligkeiten
Klüngeln sich durch alle Zeiten
Hat man hoch sich intrigiert
Dankt man Gott ganz ungeniert

Da, ein Pfarrer fährt trotz Klagen
Hunderttausend-Euro-Wagen
Predigt Wasser, hurt, trinkt Wein
Ja, so schön kann Glaube sein

Manche Lehrer brüsten sich
Ihres Wissens sicherlich
Doch in Wahrheit sowieso
Sind sie dumm wie Bohnenstroh

Dummheit wird hier großgeschrieben
Schlauheit ist zurückgeblieben
Jenes Land versinkt im Dreck
Irgendwann ist alles weg

Aus manch' kriegerischen Landen
Kriechen hasserfüllte Banden
Terror schleicht ganz unerkannt
Wunderland
Längst abgebrannt

Ich will flüchten
Ich will fliehen
Ganz weit in die Ferne ziehen
Wo die Hoffnung tot und leer
Ist auch keine Heimat mehr

Erkenntnis:

Gauner, Gangster, manch` Kartell
Kommen vorwärts ziemlich schnell
Ist man anständig und nett
Bleibt man hier im Land der Depp

Jenes Land ist längst am Ende
Nur der Mob klatscht in die Hände
Recht und Ordnung schweigen still
Jeder macht hier was er will

Märchenland ist nicht zu retten
Es geht unter – wolln wir wetten
Es verschwinden Mensch und Maus
Märchenland – vorbei und
Aus

Schmunzeln liegt mir im Gesicht

Märchenland
Das gibt´s ja nicht

Einfach weg!

Stille zieht durch Jahr und Zeiten
Ängste wabern an und ab
Hier willst du nicht länger bleiben
Wo sich Dummheit, Lügen weiden
Wo man nichts zu leben hat

Und du ziehst in bessre Welten
Die sind weit
Du ziehst lang hin
Stürme lauern, wollen gelten
Mancher schreit und will dich schelten
Doch du suchst den Lebenssinn

Hast ihn irgendwann gefunden
Neue Menschen triffst du schnell
Schöner, besser nun die Stunden
Endlich glücklich – *unumwunden*
Und dein Tag ward wieder hell

Kein Gott

Manche Nacht könnt' ich erzürnen
Gibt es Gott
Den großen Mann
Ja, ich wollt den Himmel stürmen
Ganz weit oben auf manch' Türmen
Sag, wo lebt der Supermann

Doch bleibt stumm die Stimme Gottes
Nichts geschieht
Der Himmel schweigt
Nicht die Spur des großen Wortes
Nur die Nacht gähnt allen Ortes
Und mein Glaube ist sehr weit

In der letzten Fernsehsendung
Wieder Krieg
Und Tod und Hass
Wieder nur manch' Geldverschwendung
Teufel, Rotlicht und Verblendung
Bist du reich, dann hast du Spaß

Ist all das des Gottes Wille
Will all das der große Herr
Mir bleibt nur die schwarze Stille
Keine Antwort, keine Fülle
Und mir ist's ums Herze schwer

Hass und Krankheit, auch *Apartheit*
Slums und Armut – alles bleibt
Wo ist Gott
Wo seine Klarheit
Wo bleibt Gott mit seiner Wahrheit
Passt ein Gott in diese Zeit

Die Fremden

Irgendwo in dunklen Räumen
Sitzen sie und schweigen still
Unter ziemlich dichten Bäumen
Wollen sie nicht reden, träumen
Sehen sie ein einzig' Ziel

Alle Macht und alle Mächte
Ja, sie kennen alle Welt
Dass es bringt und auch was brächte
Auch Rendite, *keine schlechte*
Doch sie wollen gar kein Geld

Denn seit aberhundert Jahren
Sind sie da, so, wie sie sind
Wo sie werden, wo sie waren
Geht es so, wie sie es sagen
Sie sind Sonne, Wolken, Wind

Sind sie Menschen
Sind sie Götter
Jene Fremden bleiben stur
Und es schweigen längst die Spötter
Und es toben alle Wetter
Und die Fremden schweigen nur

Lügenpresse

Und sie schreiben immer weiter
Immerzu nur Schund und Dreck
Nein, sie werden nicht gescheiter
Diese Affen, diese Leiber
Und sie werfen Wahrheit weg

Und sie fühlen sich so sicher
Denn man stopft sie voll mit Geld
Nichts kommt mehr in trockne Tücher
Und man leugnet alle Bücher
Und man leugnet diese Welt

Dummheit zieht durch alle Straßen
Hass und Missgunst überall
Wenn der Pöbel schreit durch Gassen
Schweigt man still
Man will es lassen
Wann kommt wohl der große Knall

Untern Teppich kehrt man alles
Weg ist weg – so sieht man´s nicht
Und im Fall des schlimmsten Falles
Leugnet man ganz schnell mal alles
Knipst man ganz schnell aus das Licht

Zu viel Dreck bringt doch nur Schaden
Darum schreibt man alles „schön"
All die Ketzer soll man jagen
Wie so manchen Satansbraten
Denn man will sie nicht verstehn

Hinter mancher Tüllgardine
Schimpft man heftig, hat man Wut
Doch man scheut dort jede Bühne
Hetzt behänd ins Blaue, Grüne
Bis es schäumt, manch' Drogenblut

Doch das Volk geht auf die Straße
Überall, weil's Frieden will
Fort mit allem blinden Hasse
Diesem falschen, dummen Spaße
Wahrheit ist des Menschen Ziel

Schwule Sau

Vorm Spiegel dreht er sich nochmal
Es sitzt das Kleid, der rosa Schal
In dieser Welt aus Ignoranz
Stimmt er sich ein
In bunter Trance

Hier in der kleinen Spießerstadt
Wo jeder keinen Namen hat
Lebt heimlich jeder
Seinen Traum
Ein schwules Leben gibt's hier kaum

Im Keller-Club „*Zur Transen-Nacht*"
Ist's ganz egal, was jeder macht
So mancher Mann liebt einen Mann
Und manche Frau 'ne Frau sodann

Hier tobt sich alles Schwule aus
Hier gibt es keine graue Maus
Hier ist er eine schöne Frau
Hier ist er keine schwule Sau

Mit Alkohol und manchem Kick
Fühlt er sich toll
Fühlt er sich chic
In dunklen Ecken liebt man sich
Die Bürger findens widerlich

Dann, wenn die Nacht vorübergeht
Ist aus, was hier kein Mensch versteht
Er zieht sich um und weiß genau
Als Mann wird er
Zur schwulen Sau

Kinder des Krieges

Sie suchen noch das Morgenrot
Die Kinder aus dem fernen Land
Und abends gibt's hier Abendbrot
Die ferne Heimat ist schon tot
Im Krieg ist alles abgebrannt

Sie kamen her ins deutsche Land
Die Kinder aus der *andern* Welt
Sie fanden manche helfend' Hand
Und stießen auch auf manche Wand
Sie hatten Hunger, wenig Geld

Man schimpfte laut und leise hier
Warum nur gehen sie nicht weg
Es gibt nicht Krieg
Nicht Bomben hier
Und ruhig ist's des nachts um *Vier*
Und volle Läden sind ums Eck

Das alles gab's im Kriegsland nicht
Es ist zerstört
Das ist nicht mehr
Die Nacht erhellte Bombenlicht
Und manchen Toten fand man nicht
Und Kinderaugen – *endlos leer*

Wohin geht's nur – *wohin, wohin*
Warum der Krieg – *warum, warum*
Die Kinder wollen wieder hin
Doch aller Traum bleibt ohne Sinn
Und alle Worte bleiben stumm

So anders wird man mit der Zeit
Im fremden Land scheint alles *fremd*
Man fühlt sich frei
Doch nie befreit
Familie, Heimat ist so weit
Und auf der Haut das *letzte Hemd*

Die Heimat ist, wo´s Herze schlägt
Auch Bomben löschen das nicht aus
Die Kinder wollten niemals weg
Und hier ist Frieden
Rund ums Eck
Wo steht das gute Heimat – Haus

Betrachtung

Ich bin nicht fehlerlos
Und manchmal ist mir
Als sähe die Welt um mich herum
Bedrohlich aus
Ein Moloch gar
In dem ich um mein Überleben kämpf
Und kämpfen muss

Und manchen Freund stoß ich schnell weg
Er könnte schlecht und böse sein
Dann scheint der Tag
Wie Mist, wie Dreck
Und nicht wie Wein
Und nicht wie aller Nächte Traum

Bis ich für mich am fernen Orte bin
Mit traurig-wachem Sinn
Noch immer
Und wieder geh ich auf die Menschen zu
Aus meiner Ruh
Will ich noch einmal es versuchen

Dann geh ich los
Brech auf in diese nimmermüde Welt
In der man nur ein Mensch ist
Wenn man viel hat von dem schnöden Geld
Und kaum Gefühle
Und kaum noch Sinne
Und kaum noch Liebe

Es ist nicht meins
Denn ich kann fühlen, denken, lieben
Doch
Werde ich nie ohne Fehler leben
Denn mein Leben
Ist ein Stolpern, ein Irren auch
Ein Suchen gar
Durch die Zeit und durch
Mich selbst

Frau Holle, die Populistin

Ziemlich hoch im Wolkenzelte
Lebte sie für sich allein
Schaute traurig auf die Welte
Von dort oben, ihrem Zelte
Wollt so gern mal Mutter sein

Doch zu ihr, welch schlimmes Leben
Kam niemals ein netter Mann
Ach, sie wollt doch Liebe geben
Und ein Kind, ein schönes Leben
Ein Familienglück sodann

Aller Traum jedoch blieb ferne
Mann und Kind – nie kam's zu ihr
Lang schaut sie zu manchem Sterne
Alles Glück schien viel zu ferne
Keine Freude, keine Zier

Da begann sie sich zu rächen
Holte sich, was sie gewollt
Nutzte aller Menschen Schwächen:
Mit der Gier wollt sie sich rächen
Zauberte ein Tor aus Gold

Damit lockte sie manch' Mädchen
Und versprach das große Geld
Ach, es kamen aus dem Städtchen
Viele junge, hübsche Mädchen
Durch das Tor zur Wolken-Welt

Zur Begrüßung gab es Kuchen
Daunenbettchen wunderschön
Niemals gab es Grund zum Fluchen
Herrlich schmeckten Torten, Kuchen
Nein, kein Mädel wollte gehn

Doch wenn aller Tag vergangen
Kroch empor die schwarze Nacht
Plötzlich zischten tausend Schlangen
Dort, wo längst der Tag vergangen
Hat sich Unglück breitgemacht

Da, zur Hex ward die Frau Holle
Und ihr Wolkenhaus zerfiel
Formte sich zur schwarzen Scholle
Blitze zuckten um Frau Holle
Ach, es war ein böses Spiel

Alle Mädchen, die dort oben
Längst gefangen in der Scholl
Als die Wolken fortgezogen
Warn die Mädchen nicht mehr oben
Brach entzwei dies Tor aus Gold

So verschwanden hundert Mädchen
Keiner ahnte je wohin
Traurig lag nun Welt und Städtchen
Denn es fehlten junge Mädchen
Und es fehlte Glück und Sinn

Doch ein junger Prinz vom Meere
Hörte von dem Trauersang
Und er kam ganz ohne Heere
Mit dem Boot weit übers Meere
Und er suchte tagelang

Bis er sah die dunklen Wolken
Wo Frau Holle arglos war
Mit 'nem Luftschiff unbescholten
Flog er hoch bis zu den Wolken
Und sein Sieg schien sonnenklar

Er entdeckte jene Scholle
Wo die Mädchen eingesperrt
Doch da war auch noch Frau Holle
Die verteidigte die Scholle
Ihr Gesicht von Wut verzerrt

Kraftvoll hob der Prinz den Degen
Stach in jene Wolkenpracht
Dort heraus stob wilder Regen
Alle Mädchen warn am Leben
Als die Scholle laut zerkracht

Und im Luftschiff fröhlich singend
Flog der Prinz die Mädchen heim
Ach sie tanzten lustig springend
Durch das Städtchen rufend, singend
Alle konnten glücklich sein

Und Frau Holle in der Wolke
Die kam niemals wieder her
Denn das Tore aus purem Golde
War nur Lüge, wie die Wolke
Die Frau Holle gibt's nicht mehr

Der Herr Minister

Er ist noch einmal dageblieben
Der Herr Minister schaut sich um
Er hat sich etwas aufgeschrieben
Wirkt überlegt, nicht aufgerieben
Er hört gut zu und ist noch stumm

Da ist die Frau aus fernen Landen
Die ist sehr eitel, will ihr Recht
Sie fühlt sich ziemlich unverstanden
Es geht heiß her in ihren Landen
Und wer dagegen ist, ist schlecht

Da geht's um Krieg und auch um Frieden
Um Ungerechtigkeit und Krieg
Soll man den Flüchtling hassen, lieben
Die kamen her und sind geblieben
Wohl ist's auch Angst, die übrigblieb

Da ist der Arme, ohne Arbeit
Die junge Mutter, die kein Geld
Der Staat vergaß wohl jene Klarheit
Und drückt sich lieber um manch Wahrheit
Will nur, dass man den Richtigen wählt

Da geht's auch um des Lebens Ende
Die Alten, die man nicht mehr sieht
Zur Seelen-Ruh gibt's eine Spende
Doch wer *fühlt* all die alten Hände
Das, was noch bleibt, wenn man verblüht

So sitzen sie nun hier zusammen
Mit großem Wort – in jener Show
All diese Menschen, die da kamen
All diese Leute, all die Namen
All diese Leben – schwer und froh

Der Streit geht auch um Mindestlöhne
Um manch' Partei und ihr Programm
Da geht's um Töchter und um Söhne
Um späte Renten, die nicht schöne
Um gleiches Geld für Frau und Mann

Das Publikum in der Arena
Hört – sieht sich alles staunend an
So mancher glaubt schon an ein Schema
Und einer fragt in die Arena
Obs der Minister besser kann

So geht die Zeit und auch die Sendung
Die Show ist aus, die Leute gehn
War dieser Abend nur Verschwendung
Hat man dafür vielleicht Verwendung
Wird das Gezeigte bald verwehn

Er ist noch immer dageblieben
Der Herr Minister
Er versteht
Er hat sich sehr viel aufgeschrieben
Er sprach auch mal
Was ist geblieben
Ein lauer Wind durchs Studio fegt

Manch´ Provinz

Manch Provinz ist nur ein Jammer
Dumme Menschen, Pöbel satt
Armut bis zur letzten Kammer
Solche Nester sind ein Jammer
Dort, wo´s Angst und Krankheit hat

Manch Provinz ist eine Schande
Auf den Straßen: *Horror pur*
Wohl fühlt sich manch´ Mörderbande
Kunst und Wissen bleibt am Rande
Dort, wo steht die Lebensuhr

Manch Provinz ist reich an Ekel
Überall nur Klüngel-Mief
Wer noch kann, setzt schnell die Segel
Fort, nur fort von all dem Flegel
Denn dort läuft wohl alles schief

Manch Provinz liegt in der Ferne
Weil man dort nicht leben will
Anderswo sind hell die Sterne
Und im Sommer gibt´s noch Wärme
In der Großstadt, wo´s nicht still

Weit entferntes Land

Ein ziemlich weit entferntes Land
hat heute gar nichts mehr im Griff
„Wir schaffen das" jubeln nur noch Hetzer
auf einer anderen Seite
Falsche Infos warten auf den allerletzten
Smartphone-Pfiff
Todesengel geben ihrem Handeln
einen letzten Waffen-Schliff
Und der brave Bürger sucht ganz schnell
das unerreichbar Weite

Die Arbeitslosenzahlen steigen
in den garstig dunklen Himmel
Jeder rettet nur noch seine eigene Haut, bevor er flieht
Neue Bauvorhaben bringen Geld,
doch nur für irgendeinen Klüngel
Alles Sagen haben nur noch Rotlichtbosse
aus dem wilden Tangel-Tingel
Ängste wabern durch die Lande,
weil gar nichts Rettendes geschieht

Dieses Land bringt nur noch Böses
und ein riesiges Verderben
Glaube hilft nicht mehr
Es wartet nur noch das Schafott
Künste und auch Wissen
All das liegt schon lange da in Scherben
Hier will keiner mehr lang sein
oder noch viel älter werden
Hier zählt nur noch Geld und Hass
Und nirgends ist ein lieber Gott

Höllennest

Provinz-Kaff-Mief kriecht um die Ecken
Man kann sich hier nicht mehr verstecken
Der Mob regiert die ganze Stadt
Hier, wo man nichts zu leben hat

Es blutet hier in allen Gassen
Den Pöbel will man hier nicht fassen
Der Hass regiert, die Dummheit schreit
Man will nur fort von hier – recht weit

Der Suff diktiert hier beinah jeden
Dies üble Nest kann nichts mehr geben
Wer hier noch was vom Leben will
Sollt lieber schweigen – ziemlich still

Verzerrt und fahl hier die Gesichter
Das Böse löscht schnell aus die Lichter
Manch Seilschaft aus längst toter Zeit
Bringt diesem Nest nur Frust und Leid

Der Ort pulsiert im Drogenrausche
Den Schnee bekommt man hier zum Tausche
Wenn alle dicht sind, satt und voll
Grölt aller Mob und fühlt sich toll

Ist primitiv man, kriminell
Kommt in dem Kaff man klar sehr schnell
Denn Bildung, Wissen, Ehrlichkeit
Bringt hier die Leute nicht sehr weit

Doch irgendwann geht's hier zu Ende
Dann stürzen ein die düstern Wände
Dann blutet aus die triste Gegend
Wer kann, rennt weg
Wenn's geht noch lebend

Fremde Mächte

Irgendwo in dunklen Nächten
Lauerte so manch ein Tod
Meldungen von fremden Mächten
Die sich zeigten in den Nächten
Brachten Menschen arg in Not

Wesen, die wohl niemand kannte
Schwebten über Stock und Stein
Mancher um sein Leben rannte
Weil er sah, was er nicht kannte
Und es holte alle ein

Grausig in Gesicht und Leibe
Trieben sie ihr Ungemach
Flogen in recht flacher Scheibe
Über Wald und über Weide
Ohne Laut und ohne Krach

Viel zu viele Menschen starben
Weil die Wesen nichts verschont
Wo noch heut Millionen darben
Hat die Welt sehr tiefe Narben
Weil manch „Wesen" da noch thront

Doch sie werden bald schon fliehen
Suchen ihre eigne Welt
Wenn sie endlich weiterziehen
Kommt auf Erden wieder Frieden
Weil bei uns die Liebe zählt

Die Meisterin vom Lande

Einst war sie Meisterin vom Lande
Sie schaffte alles
Sie war groß
Heut scheint sie nur noch eine Schande
Die tolle Meisterin vom Lande
Sie ballt die Hände längst im Schoß

Einst war sie Königin der Guten
Man glaubte alles, was sie sang
Heut muss das Volk nur leiden
Bluten
Fort scheint die Königin des Guten
Angstvoll die Zukunft
Ohne Klang

Einst war sie Kaiserin der Menschen
Sie einte alles, was entzwei
Heut scheint sie faul
Zu satt zum Glänzen
Enttäuscht die Leute
Und die Menschen
Das Glück im Land ist längst vorbei

Eine Frau

Wiedermal den Weg zum Amte
Stolpert sie so gegen 6
Noch ist sie die
Unbekannte
Stolpert schnell den Weg zum Amte
Das liegt vor ihr links
Dann rechts

Brötchen, Kaffee, diesen lauen
Ein Gespräch kurz auf dem Gang
In die Unterlagen schauen
Wie viel werden sich heut trauen
Und die Zeit scheint ewig lang

Auf dem Stuhl, dem harten, kalten
Nimmt sie Platz, schaut hin- und her
Menschen muss sie hier verwalten
Jenen Tag mit Sinn gestalten
Und manch Schicksal wiegt so schwer

Schon kommt rein der erste Kunde
Der sucht Arbeit
Oder nicht
Ziellos starrt er in die Runde
In der Seel klafft ihm 'ne Wunde
Angst sitzt tief ihm im Gesicht

Wut und Hoffnung muss sie kennen
Manchmal Härte auch
Und Mut
Nein, es bleibt kaum Zeit zum Flennen
Manchmal nachts ist Zeit zum Pennen
Oftmals glüht noch *Arbeitswut*

Ja, sie weiß, man liebt sie selten
An dem Ort, wo gar nichts gleich
Jenes Amt der tausend Welten
Wo manch' Regeln kaum noch gelten
Hier wird niemand wirklich reich

Wenn die Kunden dann gegangen
Ordnet sie den Aktenberg
Hier, wo manches unverstanden
Wo sich niemals Menschen fanden
Schaut sie plötzlich recht verklärt

Packt die Tasche und hält inne
Ob sich das mal ändern wird
An der Decke eine Spinne
Leis tropft Regen aus der Rinne
Alles scheint total verkehrt

Sollt sie wirklich einsam bleiben
Haus und Auto
All dies Zeug
Kommen auch mal bessre Zeiten
Ohne Klar- und Ebenheiten
Ohne künstlich-glatter Freud

Doch dann wischt sie sich die Augen
Aus der Haut kommt sie nicht raus
Dieser Traum vom Meer, dem blauen
Schon versunken
Kaum zu glauben
Und sie trinkt den Kaffee aus

Stumm nimmt sie vom Eisenhaken
Ihren Mantel
Ihren Schal
Zwischen Mondlicht, Mücken, Schnaken
Wird sie durch den Regen waten
Morgen früh
Und wiedermal

Sonnenwende

Brach liegt längst die ganze Gegend
Brach die Hoffnung
Brach der Blick
Fort sind alle - sogar lebend
Tot die Hoffnung, tot die Gegend
Rattenseuche Stück um Stück

Sollte da noch etwas leben
Wo sind all die Leute, wo
Keiner ist mehr da zum Reden
Doch wir wollen noch mal leben
Nicht verbrennen letztes Stroh

Bald schon werden Menschen kommen
Neues Blut die Gegend tränkt
Aller Aufwand kann sich lohnen
Keiner wird sich da mehr schonen
Jener Tag
Die Sonnenwend´

Irgendein Junge

Es zogen die Menschen aus dem so fremden Lande
Hinaus in die Fremde, zu dem sehr langen Strande
Sie wollten nur ganz einfach weit weg von Zuhause
Sie gaben sich selbst, der Familie nie Pause
Und zogen und liefen flugs zum Weltenrande

Es waren so viele, die nimmermehr blieben
Ach, so viele Seelen, die himmelwärts schrien
Es waren Familien, die in Armut und Kriege
zu suchen begannen nach Glück, Geld und Liebe
Man hätte sie sonst wohl zu Tode getrieben

Ja, auch jenes Kind, dieser schwarzhaarige Junge,
zog fort mit den Eltern, mit pfeifender Lunge
Zum Strand aller Märchen, zur Küste der Wunder
Zum riesigen Meer, mit manch´ Fisch
und manch´ Flunder
Er schaute so lieb, hatte Augen, so runde

Man sagte, da hinter dem brausenden Wasser
verbirgt sich das Gute, ward die Welt nie mehr blasser
Dort ist ewiger Reichtum, sind nett alle Leute
Dort gibt es kein Elend, keine hungrige Meute
Dort gibt's keinen Krieg, keine ewigen Hasser

Der Sturm war so stark – am Meer, an der Küste
Fern lag ihre Heimat, diese schreckliche Wüste
Verträumt schaut´ der Junge hinaus in die Ferne
Es sah dort am Himmel all die funkelnden Sterne
Und er sah auch den Mond, der gelächelt und grüßte

Und dann
auf der schlingernden Schlauchboot-Schaluppe,
da gab's nichts zu essen, nicht mal eine Suppe
Dreihundert gefangen im Seelenverkäufer
Gehofft und gebetet zu Gott und manch' Täufer
Doch war da nicht einer, der klagte und murrte

Ganz plötzlich dort draußen im tosenden Meere,
da schlugen die Wogen mal hoch und mal quere
Das Boot sank so schnell in die dunkelsten Tiefen
Es war Mitternachte, ach, wo alle schliefen
Darüber hin klatschte das Wasser mit Schwere

Von all diesen Menschen, dem Jungen, dem kleinen,
blieb nichts als nur Tränen, ich kann nur noch weinen
So viele geblieben im schäumenden Meere
Es schlugen nur hoch all die Wasser, voll Schwere
Am Meeresgrund war's reich an Stille und Steinen

Gestorben die Hoffnung, die Sehnsucht nach Frieden
Die Freiheit der Leute – im Sturm fortgetrieben
Dem Tod nicht entkommen, Familien und Kinder
Warum so viel Kälte
Warum so viel Winter
Die Menschlichkeit lang auf der Strecke geblieben

Es gehen die Stunden, es ziehen die Tage
Es fliehen die Menschen – mir bleibt nur die Frage:
Was wird, wenn auch ich aus der Heimat mal fliehe
Wird dann jemand sein,
der mich aufnimmt mit Liebe
Bleibt übrig nur Trauer, nur Tränen und Klage

Doch sah jener Junge die funkelnden Sterne
Er flog hoch ins All
Bis hinauf in die Ferne
Ich hör ihn noch singen, den schwarzhaarigen Jungen
Er hat von der Liebe im Traumland gesungen
Ich denk oft an ihn
Hab ihn wirklich sehr gerne

Luftschiff nach Liegnitz

Weit hinaus sehnt sich mein Traum
Zu der Stadt in Schlesien, ach
Liegnitz hinter Feld und Baum
Malerisch, am Katzbach-Saum
Zieht mein Luftschiff übers Dach

Breite Straßen, sehr belebt
Burg und Kirche, Plätze auch
Brunnen sprudeln, Wind, der weht
Worte, die man gut versteht
In die Seel der Stadt ich tauch

Lautlos bis zum „Kleinen Ring"
An der „Eichschule" vorbei
Bis zur „Siegeshöhe" hin
„Liegnitz-Bombe" essen gehn
Mit dem Luftschiff - glücklich, frei

Vom „Piastenschloss" so süß
Bis zum „Wilhelmdenkmal" dann
Weinhandlung „Zum alten Fritz"
Ich den „Flootenblaaser" grüß
Übern „Großen Ring" sodann

„Kaiser-Friedrich-Brücke", *da*
„Vogt's Etablissement"
„Brinkendorf" ich wiedersah
Und „Kähl's Gasthof" – *sonnenklar*
Sehnsucht keine Grenzen kennt!

„Dovestraße", „Wachtelkorb"
Alles überquer ich flugs
Ist noch da und doch schon fort
Dieser wundervolle Ort
Liegnitz, allerliebster Gruß

Doch die Nacht schwimmt bald dahin
Und davon mein Luftschiff fliegt
Ach, mein Liegnitz lebt tief drin
Irgendwo in Herz und Sinn
Hab mein Liegnitz ewig lieb

Der Stieglitz – Frei sein

Es fliegt ein Stieglitz durch die Zeiten
Fliegt durch Berlin, Paris und Prag
Will nirgendwo zu lange bleiben
Er fliegt behänd durch Tag und Zeiten
Und zwitschert, wie er zwitschern mag

Denkt an die Welt, die schöne, helle
Die war einst ziemlich trüb und schlimm
Er ist ein lustiger Geselle
Denkt an die Welt, die flotte, schnelle
Und sinnt nicht übern Lebenssinn

Da, auf dem Baum, ne kleine Pause
Ein kleines Lied für jedermann
Vielleicht noch eine lustig´ Sause
Dann zieht er weiter übers Hause
Und weiter fort, durchs Land sodann

Am Strand lauscht er dem Meeresrauschen
Wer weiß, wovon er da so träumt
Vielleicht will er der Brandung lauschen
Doch will er nie mit andern tauschen,
weil er vom Leben nichts versäumt

Schon bald erhebt er sich mit Kräften
Und flattert übers Meer davon
Er fühlt sich gut, in besten Säften
Scheint jenseits wohl von Geldgeschäften
Wer fragt den kleinen Vogel schon

Er ist ein Stieglitz unter vielen
Und fliegt, weil er halt fliegen muss
Wer weiß schon von den Stieglitz-Zielen
Vielleicht will er nur einfach spielen
Vielleicht ist er ein Gottesgruß

So fliegt er weiter durch die Zeiten
Fliegt von New York nach Binz und Bern
Wohl will er nirgends lange bleiben
Er fliegt nur fröhlich durch die Zeiten
Ich wink ihm oft
Ich hab ihn gern

Mein guter alter NVA-Ausweis

Neulich fand ich unterm Sofa
Einen alten Ausweis vor
Nicht die Zulassung vom MOFA
Lag vergessen unterm Sofa
Die Armeezeit kam hervor

Achtzehn Monate mit Waffe
Diente ich voll Stolz und Mut
War ich da ein dummer Affe
Mit der Sozialistenwaffe
Packt mich da nicht blinde Wut

Nein, mitnichten bin ich böse
Denn ich hatte es nicht schwer
Als ich mitschrie im Getöse
Hatt ich Ruh und nichts war böse
Nur die Zeit schien lang und leer

Haare ab – die Kluft gewechselt
Strammgestanden
"JA" gebrüllt
In der Freizeit Holz gedrechselt
Und die Uniform gewechselt
Leicht mit Wodka aufgefüllt

Brauchte auch nie Menschen töten
Ja, das war schon sehr viel wert
Schützte meinen Staat, den blöden
Doch ich braucht nie Menschen töten
War so manches auch verkehrt

Und so hock ich nun vorm Sofa
Denk an meine NVA
DDR-Zeit, ja, mit MOFA
Lümmeln vor dem alten Sofa
Lächeln über das, was war

Abend in einer großen Stadt
Berlin 1989

Abend in einer großen Stadt
Ungewissheit liegt in den breiten Straßen
und den engen Gassen
Breitet sich aus – immer mehr und mehr
Zieht in die zahllosen U-Bahn-Schächte
Zieht in die Kneipen jener geheimnisvollen Stadt
Vermischt sich mit dem würzgen Duft
des Bieres und des Zigarettenrauches
Vom Alex bis zum Kudamm ist ein merkwürdiges
Warten
Vielleicht bedrückend – ja, das auch
Berlin, Du alte, neue, große, unbeschreibliche
Metropole des Lebens
Und so kommt die Nacht
Die Glänzende, Glitzernde
In Millionen Lichtern unendlicher Leuchtreklamen
Verwirrend fast
Und aufregend – diese Nacht
Wo Würfelbecher auf den Tischen klappern
Jäh und unerreichbar
Und auf der Kippe steht die „6"
Und irgendwo, da warnen stumme Mauerreste
und Kreuze davor aus totem Holz
Stehn bedrohlich noch in neu erwachsnem Grün
der zarten jungen Wiese
Berlin, Du alte Stadt
Du Mutter aller Städte – für mich – für uns
Wirst Du die Mutter bleiben
Da mischt sich plötzlich ein Schrei ins Rauschen der
unsterblichen Linden
Ein Freudenschrei
Ein Schrei der Verzweiflung

Menschen strömen auf die Straßen
In Ost und auch in West
Kein Aug bleibt trocken mehr
Das Brandenburger Tor war selten so belebt
Scheint stolz
Und einer funkelnden Sonne gleich
Feuerwerke überall
Der Fernsehturm im verliebten Clinch
mit der Siegessäule
WIR HABEN ES GESCHAFFT
Aufatmender Tanz macht die Nacht zum Tage
Und im Gedröhn der Autosirenen
bricht eine neue Ära an
Die Deutschen wachen auf
Und wollen das nun richtig tun
Berlin, Mutter aller Städte
In dieser Nacht
Ewige Hauptstadt
Auch stiller Jubel blutiger, zerschossener Ziegel
dort auf der Halde alter Zeit
Die weinten jahrzehntelang
Berlin im Aufbruch jetzt
SO KANN DAS WERK GELINGEN

Friedensballade

Und als der Hass noch größer wurde,
da zog man wieder in den Krieg
Rot färbte sich die Erd vom Blute
Doch nie erreichte man den Sieg

Und auf dem Schlachtfeld, Aug in Auge,
dort wollte man den letzten Schlag
Es waren Menschen, so vertraute
Es schien der letzte Lebenstag

Und als man schrie: *„Auf, auf, zum Kampfe"*,
war dort und da man wie erstarrt
Ein Schrei, erstickt im Todeskampfe,
weil keiner es zu glauben wagt

Wo sonst erbleicht die toten Körper,
da stand ein Kind so lieb und zart
Ein Mensch, so klein, ein unversehrter,
zwischen den Lanzen, spitz und hart

Wenn jetzt, oh Gott, ein Schuss ertönte
Warum, du Kind, stehst du im Weg
Doch still bliebs nur und keiner stöhnte
Das Kind sang leis ein Weihnachtslied

Da sanken nieder die Gewehre
Das Kind, es sang so lieblich fein
Und leis, ganz leis, durchs ganze Heere,
erhob sich jenes Liedelein

Wo blieb der Hass, wo all das Böse
Das Schlachtfeld war kein Schlachtfeld mehr
Ein Liedchen, ach, kein Kriegsgetöse
Wo kam nur all der Frieden her

Schon bald lag man sich in den Armen
Es flossen Tränen ohne Zahl
All die, die her zum Sterben kamen,
sie ließen ab von aller Qual

Und als die Feinde Freunde wurden,
da ward das Kind nicht mehr zu sehn
Man hat gesucht es Stund um Stunden
Nur blieb dies Weihnachtslied bestehn

Es zog hinauf bis in den Himmel
Bis weit in die Unendlichkeit
Und lautlos ritt auf prächtgem Schimmel
ein Kind fern in die Dunkelheit

Und als es Heiligabend tönte
vom Kirchturm in der Heimatstadt,
da kehrten heim die vielen Söhne
Die Mütter warn vom Schmerz so matt

Hört drum auf alle Erdenkinder
Denn hier, nur hier lebt unsre Welt
Schon einmal war so kalt der Winter
War jene Menschheit fast zerschellt

Jetzt ist die Zeit der Friedenslieder
Die Kinder kennen jenen Text
Wie auch die Alten, heut und wieder,
ist man so tief und schwer verletzt

Ein letzter Krieg, ade Ihr Menschen
Habt Ihr vergessen viel zu schnell
Ihr wolltet doch fürs Leben kämpfen
So viel verblüht, wenn´s nicht mehr hell

Nun ist der Tages-Tag gekommen
Wo geht es lang- bleibt uns die Angst
Der Frieden wird sich immer lohnen,
weil du als Mensch von Gott abstammst

Gott wird uns auch den Krieg vergeben
Vor ihm sind Freund und Feinde gleich
Er ist der Tod, er ist das Leben
Als Bettler arm, als Herrscher reich

Doch, wenn wir *ihn* erkennen wollen,
in fernster Zeit, Unendlichkeit,
so müssen wir die Kinder holen
Ein Kinderlachen gegen Leid

Es geht nicht nur um Krieg und Frieden
Es geht nicht nur um diese Welt
Wir müssen lernen, neu zu lieben
Weil Liebe nur den Mensch erhält

So lernt auf ewig all die Lieder
So lobt der Weihnacht heilges Licht
Und wo man Krieg will, jetzt und wieder,
hat jedes Kinderlied Gewicht

Hoch lebe die Korruption!

Aladin Sülz, einst die rechte und vertrauensvolle Hand des mächtigen Kaisers Jan vom Bunker der „Orthopädischen Union", wollte ebenso mächtig sein, wie sein äußerst erfolgreicher König. Doch der war damit nicht einverstanden und entließ kurzerhand den Speichellecker Sülz.

Weil Sülz aber vor lauter Scham und Trauer, seinen geliebten Job nicht mehr ausführen zu dürfen, nirgends mehr darüber sprechen konnte, blieb der Grund seiner vermeintlichen Entlassung geheim. So kehrte er schließlich der Spitze der „Orthopädischen Union" den Rücken und ging mit großen Rosinen im Kopf in seine Heimat „Märchenland" zurück.

In Märchenland freute man sich riesig, den einstigen Stellvertreter des großen Kaisers Jan vom Bunker wieder in den heimischen Gefilden begrüßen zu können. Und so hielt man große Feste ab und feierte rund um die Uhr. Die Partei von Aladin Sülz, die Optal-Memografische-Partei (OMP), konnte sogar einen ungeheuerlichen Mitgliederzuwachs verzeichnen. Und es waren dutzende junge Leute, die der OMP beitraten. Alle waren begeistert von Sülz und wählten ihn schlussendlich zu ihrem hochverehrten Vorsitzenden.

Was Sülz nicht ahnen konnte: die mächtige, in letzter Zeit aber ideenlose und abgehalftert wirkende Hauptlenkerin von Märchenland -Agneta Schnörkelhasste alles, was nicht ihrer vorgegebenen Norm entsprach. Alle setzte sie unter Druck – und weil bald Wahlen in Märchenland waren, musste sie sich etwas einfallen lassen, um weiterhin an der so innig geliebten Macht zu bleiben. Zu sehr hatte sie sich an den

Ruhm und das viele Geld (Währung in Märchenland: Teuron) gewöhnt. Zu schön war es, sich tagein, tagaus von teuren Luxuslimousinen durch die Lande schaukeln zu lassen und zu bedeutungsvoll wog ihr Wort, welches bei ihrer Abwahl nicht einen einzigen Teuron mehr wert sein würde. Nein, sie musste, sie wollte unbedingt an der Macht bleiben und der Rückkehrer Sülz, der sich vor Beliebtheit in der Bevölkerung kaum noch retten konnte, war ihr ein Dorn im Auge! Nur, wie sollte sie diesen Volks-Liebling unbemerkt ausschalten? Sie hatte einfach keine Idee und auch keinen funktionierenden Plan in der Schublade, wo sich doch so viele gute Ideen wie zum Beispiel die Vorschläge von Sammelklagen oder die Verbreitung von E-Automobilen befanden – und sich faulig lagen.

Ihr etwas angestaubter Haus- und Hofmeister Klehmoser, der in Lederhosenmanier recht oft glücklos zu Felde zog, wusste Rat. Das Parteivermögen der Partei der Hauptlenkerin, der Schnörkel-Partei, umfasste Millionen von Teuronen. Was wäre, wenn man erst die Journalisten in Märchenland und dann sämtliche Landesregierungen von Märchenland mit all diesen Millionen von Teuronen schmierte, damit dort die Schnörkel-Partei wiedergewählt würde – sozusagen um Märchenland wieder auf Linie zu trimmen – und zu zwingen? Dann brauchte man nur noch die Wahlbüros zu schmieren, die Hochrechnungen zu schönen und schon wäre die ehrenwerte Agneta Schnörkel wieder an der Macht, bzw. blieb sie - weiterhin- an der Macht! Was für ein genialer Einfall!

Agneta Schnörkel dachte kurz über diesen famosen Vorschlag nach und träumte schon von ihrem Ruhm, von allen -grenzenlos- geliebt zu werden. Und so war sie einverstanden, wenngleich sie noch immer nicht wusste, wie sie Aladin Sülz auszuschalten vermochte.

So kamen die Tage der Wahlen und es klappte großartig! Mit Hilfe von Millionen von Steuergeldern wurde in den Märchenland-Landesregierungen die Schnörkel-Partei an die Spitze korrumpiert und Schnörkel gewann ungeheuer an Pluspunkten. Selbst die Märchenland-Hauptlenkerin-Wahlen gestalteten sich als ziemlich reibungslos. Am Ende aller Korruptionen war Agneta Schnörkel wieder als Hauptlenkerin bestätigt! Doch sie war noch nicht gewählt, denn Aladin Sülz war noch immer ihr größter Konkurrent! Außerdem konnte sie wegen des knappen Wahlergebnisses nur mit der OMP regieren, das sah wirklich nicht so gut für sie aus!

Unterdessen hatte der böse und hinterhältige Aladin Sülz dummerweise auch noch beteuert, dass seine große OMP-Partei für Koalitionsgespräche mit Frau Schnörkel nicht und niemals zur Verfügung stehen würde – er blieb Opposition, egal, wie es auch immer käme! Was in des Heiligen Namen sollte Agneta Schnörkel jetzt nur tun, denn sie wollte ihren Traum, Hauptlenkerin von Märchenland zu bleiben, niemals aufgeben! So hatte sie eines nachts einen verwegenen Traum:

Jeder ist käuflich, so träumte sie. Und es wäre doch wirklich fantastisch, wenn sich Sülz mit einer ordentlichen Summe schmieren ließe. Außerdem könnte er, wenn er die Gespräche korrekt in ihrem Sinne führte und gehorchte, ein sicheres und gut bezahltes Ministerpöstchen erhalten, dann würde alles glattgehen. Sie wäre wieder die Mächtige und Sülz würde für immer und ewig seine Klappe halten!

Irgendwie ließ sich der geldgierige und doch schon alternde Sülz anlocken, die Koalitionsgespräche begannen und es war wirklich wie ein Zauber – alles funktionierte vorzüglich und Sülz ließ sich mit drei

Millionen Teuronen und einem bestens dotierten Ministerpöstchen bestechen! Tja, so verriet er eiskalt seine eigene Partei -die OMP- an die Schnörkel-Partei und fühlte sich wunderbar, denn er glaubte, für alle Zeiten ausgesorgt zu haben. Seine eigenen OMP-Parteikollegen, die aus dem Wundern und der riesigen Enttäuschung nicht mehr herauskamen, waren ihm schlichtweg scheißegal!

Leider verhaspelte er sich damit gehörig mit dem Volke [und natürlich mit seinen eigenen Reihen – man wollte nicht länger dulden, dass er wie ein König regierte und sich kaufen ließ], was seinen kurzfristigen Rücktritt aus allen Ämtern nach sich zog. Schnörkel wollte ihm nun auch nicht mehr helfen – sie hatte ihn erfolgreich stillgelegt und er war keine Gefahr mehr für ihren lang eingefädelten Korruptions-Betrug. Für ihren besonderen Liebling und Speichellecker Klehmoser hingegen hatte sie sogar extra ein neues Ministerium erfunden: das Treue-Ministerium!

Es gab nur noch eine Hürde: die Briefwahl der OMP! Denn nur wenn die OMP geschlossen für die Koalition stimmte, dann konnte auch Schnörkel wieder regieren. Die Partei OMP stimmte somit in einer geheimen Briefwahl über die Koalition ab – und auch über Schnörkels Verbleib in der Obrigkeit. Allerdings – jene Briefwahl hatte sie sicherheitshalber vorher manipuliert, denn es fanden sich genügend Geldgierige in der OMP, die Schnörkels Schmiergeld mit Kusshand annahmen. So zählten sie die Stimmen in Schnörkels Sinne ab und – siehe da – Schnörkel hatte „gesiegt"! Sie wurde wieder Hauptlenkerin und mit dem Land ging es vollkommen bergab! Sie saß nur noch zynisch grinsend und selbstgefällig sabbernd auf ihrem güldenen Thron und steckte Milliarden von Teuronen in ihre eigenen Taschen …

Und das Volk? Das verarmte mehr und mehr, demonstrierte lautstark auf den Straßen und strömte radikalen Parteien zu. Aber immerhin - es jagte eines fernen Tages die dicke fette faule Lady Schnörkel doch noch dorthin, wo sie hingehörte: Auf den Müllplatz der Geschichte!

Und die Moral von der Geschichte:
Kannst mit Geld du alle schmieren,
wirst die Wahl du nie verlieren!

Damit ist das Märchen aus, denn Märchenland gibt es ja nicht.

Dieser Adolph Himmel

Die Zeiten waren hart, sehr hart. Gerade erst wurden durch einen Terroranschlag in der Hauptstadt des Landes Germanien dutzende Menschen dahingerafft, da erschien ein Mann auf der Bühne des Parteiengeschehens, dessen Namen für große Verwirrung sorgte: *Adolph Himmel.*

Der smarte Mittvierziger war so gar nicht das, was man sich unter einem Politiker vorzustellen vermochte. Doch sein verführerisches Charisma und seine unglaublich entschlossene Ausstrahlung, die mehr einem alten erfahrenen Strategen ähnelte, verlieh ihm ein sonderbares beherrschendes Erscheinungsbild. Seine wasserblauen Augen und seine kurzen schwarzen Haare erinnerten an irgendetwas längst Verblasstes. Aber sein winziger Schnauzbart, der ihm eine Aura von längst vergangenen Reichsträumen und großmächtiger Arroganz bescheinigte, ließen ihn schon wieder recht modern und kämpferisch erscheinen.

Adolph selbst schien all das wenig zu interessieren. Er nutzte beinahe jede Gelegenheit, um auf die Machthaber der Welt, auf die Ungerechtigkeit und all die vielen Unzulänglichkeiten der Menschheit zu schimpfen. Seine wirkungsvollen Auftritte waren stets von großem Medieninteresse und einer beinahe unbändigen Wichtigkeit begleitet. Und in seinen immerwährenden schwarzen Anzügen, die allesamt saßen, als hätte man sie ihm angegossen, machte er eine imposante *glaubhafte* Figur.

Die Menschen, die sich immer öfter missverstanden fühlten von der viel zu großen Politik, die mittlerweile jeden Groschen zehnmal umdrehen mussten, damit er auch für die ganze Familie reichte, all diese

Leute verehrten Adolph. Denn endlich gab es jemanden, der vorgab, sie zu verstehen. Endlich gab es jemanden, der mit ihren Worten sprach und der hart durchgreifen wollte, der sogar versprach, mit schärferen Gesetzen und drastischeren Strafen die hohe Kriminalitätsrate zu senken.

Immer mehr Menschen schlossen sich seiner neu gegründeten Partei (Adolphs Arbeiter Partei) an. Und immer einflussreicher waren die Personen, die Adolph und seine Partei finanziell unterstützen. Die althergebrachten Parteien sahen bereits ihre Felle davonschwimmen, weil sie all das, was die einst versprochen hatten, nicht halten konnten.

Und die Sicherheit im Lande blieb deswegen, wie auch viele andere sozial wichtige Projekte, auf der Strecke.

Adolph aber versprach den Menschen, dass er sich den Armen und den Bedürftigen widmen würde, wenn man ihn bei den nächsten Wahlen nur wählte. Er versprach, alles anders zu machen und das Geld gerechter zu verteilen.

Doch während er all das verkündete, rottete sich auch Widerstand gegen ihn zusammen. Denn Adolph wurde zu einer Gefahr, zu einer großen Gefahr für die noch immer Mächtigen. Und so kam es, wie es kommen musste: *Ein gezielter Schuss beendete Adolphs erfolgreiche und vielversprechende Laufbahn!*

Allerdings kam es nicht so, wie es sich die Mächtigen erhofften, denn das Volk hatte Adolph mittlerweile liebgewonnen, und sie verehrten ihn wie sonst keinen anderen. Selbst im Ausland war Adolph zu einer Gallionsfigur geworden, zu einer Ikone, der man nacheifern wollte.

Und weil das so war, verfiel die Welt in eine tiefe Depression. Die Börsendaten fielen ins Bodenlose und die Volkswirtschaften der Länder versiegten wie trockene Brunnen in der Wüste.

Eines Tages jedoch, als die Menschen schon gar nicht mehr daran glaubten, verkündete Adolphs noch immer agierende Partei, dass der große Adolph wieder da sei. Zunächst wollte es keiner glauben, zu tief saß die allgemeine Depression. Doch als dann Adolph in allen TV Stationen präsent war, schließlich sogar seine erste Großveranstaltung abhielt, strömten Millionen Menschen auf die Straßen und Plätze und verfolgten die TV Sendungen, die überall auf riesigen Displays übertragen wurden.

Jubelnd vor Glück strömten die Menschen in die Betriebe und schafften wieder, wie sie wohl noch nie geschafft hatten. Die Depression verging so schnell wie sie gekommen war und es schien endlich wieder aufwärts zu gehen.

Am Tag der großen Wahlen begaben sich *95 Prozent* der Bevölkerung in die Wahllokale, so viele, wie es vermutlich nie zuvor gewesen sein mochten. Und es war klar – Adolph wurde zum obersten Staatslenker gewählt.

Ja, und allen war klar: *Adolph war zurückgekehrt, weil er möglicherweise nie gestorben war.*

Seine Kritiker ärgerten sich und seine Feinde wussten nicht, wie es sein konnte, dass der verhasste Dummschwätzer doch noch am Leben war. Immerhin hatte man mit viel Medienspektakel den großen Adolph auf einem kleinen Friedhof beerdigt.

Doch die Freude der Bevölkerung und das Glück all der vielen ganz normalen Menschen ließ all das vergessen. Keiner hörte mehr auf die Kritiker, die vor etwas warnten, das niemand glauben wollte: *Der endgültigen Vernichtung.*

Adolph schaffte es, die Gehälter drastisch anzuheben und die Armut weitestgehend zu beseitigen. Doch sein wahres Ziel kannte niemand. Denn hinter seinem Großmut versteckte sich etwas, das menschlicher schien als alles, was es sonst so gab. Es war die Sucht nach unbezwingbarer Macht und unendlicher Größe. Er träumte von einem Weltreich, an dessen höchster Spitze er als großer Sultan herrschte. War das wirklich noch *der* Adolph, den jeder wollte? War das wirklich noch *der* Adolph, dem alle zujubelten, den alle verehrten, weil er so volksnah erschien?

Adolphs Partei jedenfalls begann, die Menschen, die nicht in das Bild von Adolphs Welt-Sultanat passten, in riesige unterirdische Internierungslager zu verbannen. Er baute aus den neuesten Errungenschaften von Wissenschaft und Technik eine Roboterarmee auf, die rigoros alles durchsetzte, was ihm so vorschwebte. Alle, die anders aussahen, als es ihm vorschwebte, ließ er umbringen und schnellstmöglich beseitigen.

Schon bald bemerkte man das im Volke, doch da war es bereits zu spät. Denn Adolphs Partei kontrollierte alles und jeden, dirigierte das Internet und kontrollierte jeden Menschen dieser großen weiten Welt. Das *Welt-Sultanat* stand schließlich vor seiner Vollendung und Adolph sollte zum *Sultan der Welt* ernannt werden. Eigentlich hatte er sich selbst dazu erhoben, denn er konnte es nicht erwarten, die Macht über die Erde zu erringen. Er träumte bereits davon, die Zivilisation auf den Mars zu bringen, wo er dann als *Sultan des Universums* regieren würde. Und es sah ganz so aus, dass es genauso werden sollte.

Am Tag der *Sultans-Ernennung*, die auf der ganzen Erde übertragen wurde, sah man Adolph, wie er großmütig vor sich hinlächelte und gen Himmel schaute, so, als wenn er als gottgleiches Wesen sogleich ins Universum aufbrechen wollte. Nur ein Knopfdruck trennte ihn noch vom großen Herrschertum und seinen unbändigen Träumen, alles zu besitzen.

Er hob seine Hand und drückte diesen magisch-roten Knopf vor sich, denn es war der Knopf, der eine Art Antigravitations-Lift in Gang setzte, welcher ihm die goldene, mit Edelsteinen besetzte Krone aus einem Kellergelass nach oben bringen sollte. Alles sollte aussehen wie ein Zauber, wie Magie aus einer märchenhaften Welt, jener Scheinwelt eines Großinquisitors.

Doch nicht die ersehnte goldene Krone wuchs aus der marmornen Erde empor. Der Knopfdruck bewirkte, und niemand konnte es sich erklären, wie es so kommen konnte, dass sich alle Raketensilos auf der Erde öffneten und düstere Atomraketen auf schwarzen Feuersäulen in den azurblauen Himmel rasten.

Adolph, der im letzten Moment bemerkte, was er da angerichtet hatte, starrte auf die Millionen Raketen, die überall auf Erden starteten. Und er wusste, was das bedeutete, und niemand konnte es mehr aufhalten, denn niemand hatte den Schlüssel oder einen Code, die Menschheit doch noch retten zu können.

Nur auf der fernen Raumstation, die still und einsam den Planeten umkreiste, auf welcher sich zur gleichen Zeit Teams aus aller Welt aufhielten, beobachtete man das totbringende Spektakel aus angemessener Entfernung. Die Menschen dort wussten, dass sie nie mehr auf diesen wunderschönen blauen Planeten zurückkehren konnten. Sie wussten auch, dass sie die letzten sein würden, die übrigblieben, wenn sich der nukleare Sturm verzogen hatte.

Und der japanische Astronaut Kim schaute schweigend zu Lena, einer amerikanischen Astronautin. Als schließlich riesige Atomblitze die Atmosphäre des Planten zerteilten, flüsterte er mit Tränen in den Augen: *„Mach´s gut Erde. Lasst uns neu beginnen!"*